Ein Nest für Paul

Text: Majka Gerke
Illustration: Wiltrud Wagner

Dieses Buch wurde überreicht von:

Greta ist jetzt eine große Schwester. Paul ist ganz winzig. Sogar Gretas Stoffhund ist größer. Greta ist erstaunt, dass Babys so viel Arbeit machen. Sie brauchen viel Körperkontakt und Wärme, dann fühlen sie sich am wohlsten, erklärt Mamas Hebamme Andrea. Mit großen Kindern muss man auch viel kuscheln, meint Papa und nimmt Greta in den Arm.

Paul weint und rudert ganz doll mit den Armen. Ganz unglücklich sieht er aus. „Weißt du noch, als ich heute Morgen die Gardinen geöffnet habe, damit die Sonnenstrahlen dich wach kitzeln?“, fragt Papa. Greta nickt. „Da war es hell und kalt, weil du meine Decke geklaut hast“, sagt sie. So ähnlich ging es Paul auch, als er geboren wurde, meint Papa. Jetzt muss er sich an alles gewöhnen.

Greta klettert zu Mama ins Bett. Paul liegt neben ihr mitten in einem Stillkissen. Das sieht aus wie ein Nest, findet Greta. „So ähnlich fühlte es sich für ihn an als er in meinem Bauch war“, meint Mama. Wie ein Vogelbaby sieht er aus, findet Greta.

Mama baut ihr aus Papas
Decke auch ein Nest.
Jetzt kann Mama
eigentlich ein Buch
vorlesen, findet sie.

Mama hat Paul im Arm und stillt ihn. Das heißt, er trinkt aus ihrer Brust. Da kommt nämlich Milch raus. Die ist nur für Paul. Greta mag viel lieber Joghurt und Käsebrot. „Dich habe ich auch gestillt und du hast genauso dabei geschmatzt", lacht Mama. Greta ist empört. „Ich schmatze nie. Das mache ich höchsten, wenn ich den Mund voll habe", sagt sie.

Paul schläft. Über seine Matratze ist ein T-Shirt von Mama gezogen. So ist es, als wäre Mama immer da, denn ihren Geruch kennt er schon. Als er geboren wurde, hat die Hebamme ihn sofort auf Mamas Bauch gelegt. „Da konnte Paul gleich eine Nase voll Mama nehmen", sagt Papa. Sie duftet eben am besten nach Mama, meint Greta.

Papa hat Paul auf der nackten Brust liegen. „Kennt er deinen Geruch auch schon aus dem Bauch?“, will Greta wissen. Papa lacht. Babys mögen den Hautkontakt, meint er. „Mag er meine auch?“, fragt sie und zieht ihren Pulli aus. Papa legt ihr Paul auf den Bauch, der einfach weiterschläft. „Guck, die findet er auch gut“, sagt Greta zufrieden.

Paul liegt eng in ein Tuch gewickelt auf dem Boden und schläft. Greta hockt neben ihm und spielt. Aus dem Paul-Päckchen guckt nur sein Köpfchen raus. „Manche Babys mögen es, wenn man sie so einwickelt. Das finden sie ganz beruhigend“, sagt Mama. Greta kann das verstehen. Sie rollt sich abends auch immer in ihre Decke ein.

Das Telefon klingelt, alle wollen Paul kennenlernen. Doch Papa vertröstet die Anrufer. Greta ist sauer, sie hätte so gerne Besuch. Erst mal müsse Paul Greta, Mama und Papa richtig kennenlernen, meint er. „Paul weiß bestimmt noch nicht, dass du ein Kuschelmonster bist und nach Himbeershampoo riechst."

Mama liegt mit dem weinenden Paul auf der Brust auf dem Sofa. Leise singt sie ihm etwas vor. „Warum sprichst und singst du denn immer mit ihm? Er kann doch gar nicht antworten“, fragt Greta. Mama sagt, Paul kennt ihre Stimme und Herzschlag. Die hat er schon gehört, als er noch in Mamas Bauch war. „So wie er rumquakt, hört er gar nix“, sagt Greta und hält sich die Ohren zu.

Mama meint, Greta Stimme kennt Paul auch schon. Das probiert Greta aus, als Mama Paul eine neue Windel verpasst. Das mag der gar nicht und weint. Doch als Greta ihm ihr Lieblingslied vorsingt, ist er sofort ruhig. „Ich bin eine tolle Stimmenberuhigerin“, sagt Greta.

Papa sitzt mit Paul auf den Knien auf dem Sofa. Als er die Augen aufreißt, macht Paul es nach. „Papa und Paul unterhalten sich", sagt Mama. Ich will auch, sagt Greta, bläst die Wangen auf und schneidet Paul Grimassen. Der gluckst erst, dann dreht er sein Köpfchen weg. Jetzt hat er genug geredet, meint Papa. „Schade. Dann erzähle ich den Rest eben Ernie", sagt Greta und nimmt ihren Stoffhund in den Arm.

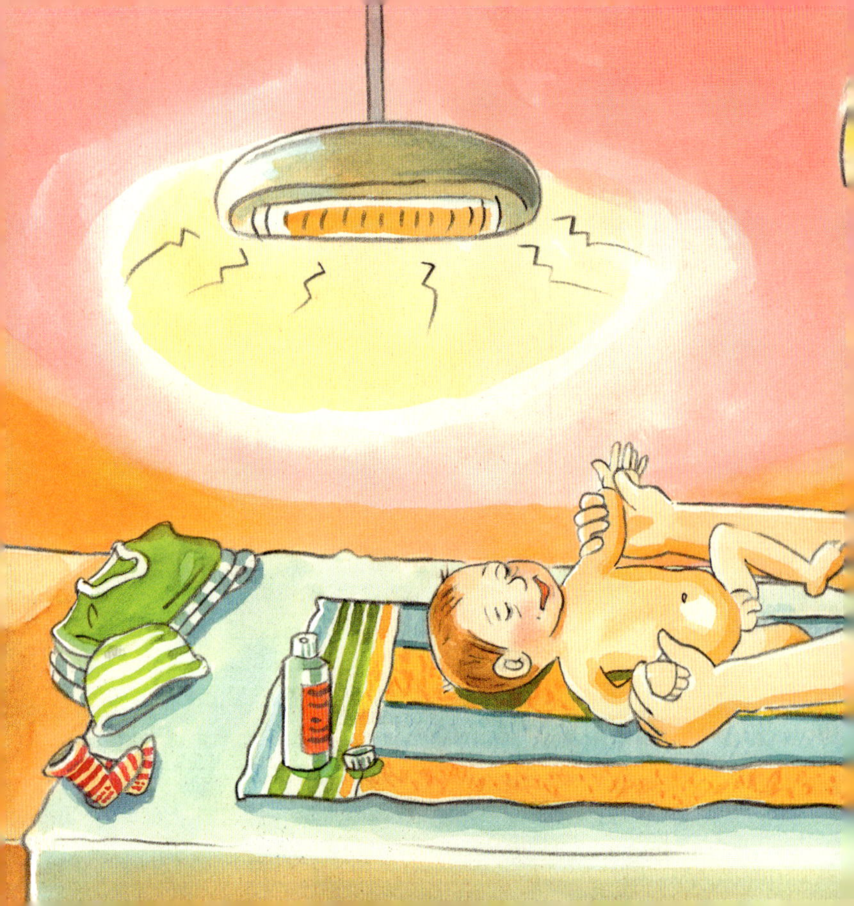

Paul liegt nackig auf der Wickelkommode. Es ist ganz warm. Mama massiert sanft erst Pauls Arme und Hände, dann seine Beine und Füßchen. Mit großen Augen guckt er Mama an und gluckst. „Guck dir mal den kleinen Nackt-Frosch an. Ich glaube, es gefällt ihm gut“, sagt Mama lachend zu Greta.

Mama trägt Paul in einem Tuch vor dem Bauch. Er schläft dann sofort ein. „Da kommt Mama Känguru“, sagt Papa. Greta findet, das sieht lustig aus und bindet sich mit Papas buntem Schal ihren Kuschelhund vor den Bauch. „Und ich bin Greta-Ruh“, lacht sie.